Gadgets éle

Fabrique des trucs et bidules à piles

Texte : Alan Bartholomew
Illustrations : Lynn Bartholomew

Texte français : Le Groupe Syntagme inc.

Les éditions Scholastic

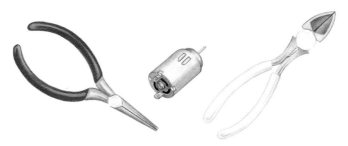

Données de catalogage avant publication
de la Bibliothèque nationale du Canada

Bartholomew, Alan
  Gadgets électrisants

(Artisanat)
Traduction de: Electric mischief.
Pour les jeunes de 7 à 12 ans.
ISBN 0-7791-1585-6

1. Appareils électriques–Ouvrages pour la jeunesse.
2. Électricité–Expériences–Ouvrages pour la jeunesse.
I. Bartholomew, Lynn II. Titre. III. Collection.

TK148.B37414 2002   j621.31'042   C2002-900494-2

Copyright © Alan Bartholomew, 2002, pour le texte.
Copyright © Lynn Bartholomew, 2002, pour les illustrations.
Copyright © Les éditions Scholastic, 2002, pour le texte français.
Tous droits réservés.

Il est interdit de reproduire, d'enregistrer ou de diffuser en tout ou en partie le présent ouvrage,
par quelque procédé que ce soit, électronique, mécanique, photographique, sonore, magnétique
ou autre, sans avoir obtenu au préalable l'autorisation écrite de l'éditeur. Pour la photocopie
ou autre moyen de reprographie, on doit obtenir un permis en s'adressant à CANCOPY
(Canadian Copyright Licensing Agency), 1 Yonge Street, Suite 1900, Toronto (Ontario) M5E 1E5.

Ni l'éditeur ni l'auteur ne pourront être tenus responsables de tout dommage causé par ou résultant
de l'exécution de toute activité de ce livre, soit pour ne pas avoir suivi correctement les instructions,
ou pour avoir exécuté les activités sans surveillance appropriée, ou pour avoir ignoré
les mises en garde contenues dans le texte.

De nombreuses désignations de produits utilisées par les fabricants et les détaillants sont
des marques de commerce. Dans ce livre, toute désignation reconnue par Les éditions Scholastic
débute par une lettre majuscule (ex. : Fimo).

Conception graphique de Marie Bartholomew

Édition publiée par Les éditions Scholastic, 175 Hillmount Road, Markham (Ontario) L6C 1Z7,
avec la permission de Kids Can Press Ltd.

5 4 3 2 1   Imprimé à Hong-Kong, Chine   02 03 04 05

Table des matières

Introduction

JE ME PRÉSENTE : PHIL ÉLECTRIQUE

As-tu déjà entendu l'expression « la nécessité est mère de l'invention »? Cela veut dire que si tu as vraiment besoin de quelque chose, tu l'inventeras toi-même. C'est vrai dans mon cas. J'ai grandi avec cinq sœurs et aucun frère. Comme nous étions si nombreux, je devais toujours trouver de nouvelles façons de protéger mes choses. Mon gadget favori était un tapageur à pile que j'avais installé sur la porte de ma chambre. Ma mère n'aimait pas beaucoup cette invention parce qu'elle sursautait chaque fois qu'elle ouvrait la porte de ma chambre; mais de cette façon, mes sœurs n'y entraient pas. En plus, j'ai réussi à leur faire peur avec mon auto tamponneuse miniature. Je couvrais mon auto d'un tissu foncé et je m'écriais « Une souris! » lorsqu'elle passait près de mes sœurs. Je pense qu'on peut dire que j'étais une petite peste, mais je me plais à penser que je mettais un peu de piquant dans leur vie.

Je sais que les projets présentés dans les pages qui suivent t'amuseront, toi aussi. Tu devrais pouvoir trouver les matériaux dont tu auras besoin chez toi, à la quincaillerie ou dans un magasin de matériel d'artisanat. Commence par lire les sections qui portent sur la façon de fabriquer les connexions de piles et les interrupteurs. Ensuite, tu pourras commencer ton premier projet. Certaines étapes sont un peu plus difficiles; c'est pourquoi je les ai marquées d'un symbole spécial (👫) . Pour plus de sécurité, demande à un adulte de t'aider lorsque tu arrives à ces étapes. Les projets sont classés du plus simple au plus difficile. Commence par le premier gadget et essaie les projets un à un jusqu'à la fin du livre, où tu trouveras une section de projets spéciaux pour te creuser les méninges. Bientôt, tu utiliseras les gadgets que tu auras fabriqués pour surprendre (et taquiner) tes frères et sœurs.

Matériaux

PILES

Pour tous les projets du livre, il te faut une ou deux piles de 1,5 volt (V). La taille de la pile est importante puisque ce ne sont pas toutes les piles de 1,5 volt qui conviennent à tous les gadgets. Les projets présentés fonctionnent à l'aide de petites piles AAA ou AA, ou de piles moyennes C ou D. Les signes positif (+) et négatif (-) inscrits sur les piles montrent le sens dans lequel le courant électrique circule. Pour que les gadgets motorisés fonctionnent bien, tu dois connecter les piles en suivant les directives.

Pile AAA (1,5 V)

Pile AA (1,5 V)

Pile D (1,5 V)

Pile C (1,5 V)

DANGER!

N'essaie jamais de brancher ton gadget dans une prise de courant : ce serait très dangereux vu la quantité d'électricité qui circule.

MOTEURS ÉLECTRIQUES

Les moteurs à courant continu utilisés dans les projets sont les mêmes que ceux qui se retrouvent dans de nombreux jouets. Il s'agit de moteurs de petite taille, dont le voltage se situe entre 1,5 et 3 V. On les trouve habituellement dans les magasins de matériel de bricolage ou de modèles réduits.

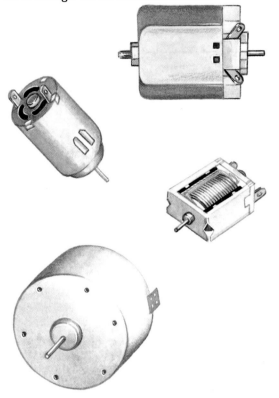

AMPOULES ÉLECTRIQUES

Pour tes projets, tu pourras utiliser de petites ampoules électriques de 1,5 V. Ce sont les mêmes que l'on retrouve dans la plupart des lampes de poche. Elles sont faciles à trouver dans les quincailleries et les magasins de matériel d'artisanat.

FIL ÉLECTRIQUE

On mesure le fil électrique selon son épaisseur, ou calibre. Tous les projets présentés exigent un fil simple et plein, de calibre 24. S'il t'est impossible d'acheter du fil sous cette forme, cherche un fil téléphonique ou un fil quadruple. Tu devras enlever l'isolant extérieur du fil téléphonique ou défaire le fil quadruple pour le séparer en quatre fils distincts de calibre 24. Tu pourras utiliser ces fils pour les projets. Tu peux acheter du fil quadruple dans la plupart des quincailleries et des magasins de pièces électroniques.

COLLE

Pour les projets proposés, tu auras besoin d'un pistolet à colle chaude, de colle blanche de menuiserie, de colle à modèle réduit ou de colle à séchage rapide. On recommande un pistolet à colle chaude à basse température parce que cette colle sèche rapidement et de façon sécuritaire. Demande à un adulte la permission d'utiliser un pistolet à colle chaude et fais toujours attention de ne pas mettre de colle sur toi. Quand tu as fini d'utiliser le pistolet à colle chaude, pose-le sur ta table de travail, à un endroit sûr et bien dégagé. N'oublie jamais de le débrancher après usage.

OUTILS

Pour fabriquer tes gadgets, tu auras besoin de coupe-fils pour couper les fils et de pinces à dénuder ou de ciseaux ouverts pour les débarrasser de leur isolant. Il te faudra aussi, pour la plupart des gadgets, utiliser des ciseaux, un crayon et une règle. La liste des matériaux et outils nécessaires qui se trouve au début de chaque projet te permettra de savoir quels outils tu dois avoir à portée de la main.

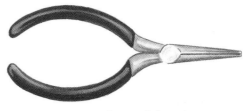

pinces à bec long

coupe-fils

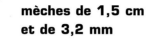

mèches de 1,5 cm et de 3,2 mm

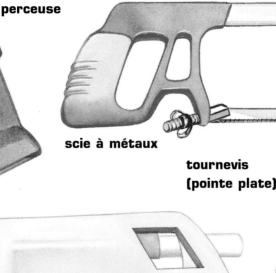

perceuse

scie à métaux

tournevis (pointe plate)

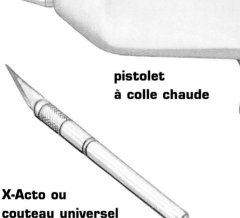

pistolet à colle chaude

X-Acto ou couteau universel

poinçon pointu

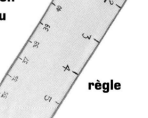

règle

7

Connexions de piles

Les projets proposés dans les pages qui suivent fonctionnent à piles. Chaque projet précise quel genre de pile il te faut et si tu as besoin d'un coussinet conducteur ou d'un bloc-pile. Voici des directives sur la façon de les fabriquer.

COUSSINET CONDUCTEUR

1 Trace le contour de la pile sur un carton et découpe le cercle.

2 Fais quatre petites incisions dans le carton à égale distance autour du cercle.

4 Enroule le fil dénudé autour du cercle en l'entrecroisant dans les fentes pour former un X.

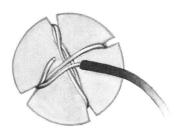

3 Coupe un bout de fil de la longueur précisée. Utilise des ciseaux ouverts ou une pince à dénuder pour enlever l'isolant sur 7,5 cm à un bout du fil.

5 Enveloppe le cercle dans du papier d'aluminium en laissant dépasser le bout de fil que tu n'as pas dénudé. Tu enlèveras l'isolant de ce bout de fil selon les instructions de chaque projet.

IL TE FAUT :

- une pile (selon les directives de chaque projet)
- un morceau de carton mince
- un bout de fil électrique (selon les directives de chaque projet)
- du papier d'aluminium

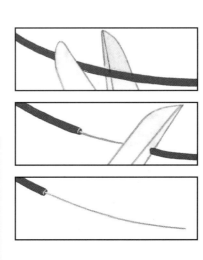

BLOC-PILE

1 Utilise des ciseaux ouverts ou une pince à dénuder pour enlever l'isolant sur 7,5 cm au bout de chacun des deux fils utilisés pour ton projet.

2 Enroule le bout dénudé de chaque fil pour faire une petite spirale qui aura à peu près la taille d'une pièce de 10 cents.

3 Utilise le clou pour percer deux trous dans le côté de la boîte de film, l'un près de l'ouverture et l'autre près du fond.

4 Insère le bout isolé de l'un de tes fils dans la boîte et fais-le ressortir par le trou du bas pour que ta spirale se trouve à l'intérieur. Fais la même chose avec l'autre fil en le faisant ressortir par le trou du dessus.

5 Trace le contour de ta pile sur l'assiette en aluminium et découpe le cercle. Insère le cercle d'aluminium dans la boîte de plastique pour recouvrir la spirale qui se trouve au fond.

6 Déplace la spirale de fil du dessus sur le côté et insère une pile C dans la boîte, le pôle négatif au fond.

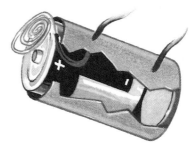

Fixe la spirale de fil du dessus au bout positif de la pile avec du ruban adhésif. Assure-toi qu'il n'y a pas de fil dénudé qui touche le côté de la pile.

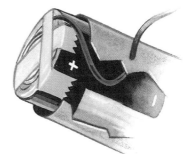

7 Referme le couvercle hermétiquement pour que la pile soit bien serrée entre le fond de la boîte et le couvercle.

IL TE FAUT :

- un petit clou
- une boîte de film en plastique noir ou un contenant à pilules rond (suffisamment grand pour contenir une pile C) et un couvercle
- une pile C (1,5 V)
- une assiette en aluminium
- du ruban-cache

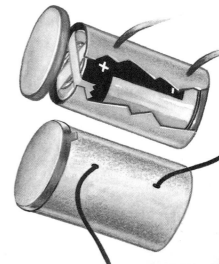

Fabrication des interrupteurs

Les gadgets à fabriquer sont dotés d'interrupteurs qui te permettent de les allumer et de les éteindre. Voici les types d'interrupteurs les plus courants. Ces pages te serviront de référence lorsque tu auras à les fabriquer.

INTERRUPTEUR À POUSSOIR

1 Utilise des ciseaux ouverts ou une pince à dénuder pour enlever 7,5 cm d'isolant à un bout de chacun des fils qui sortent de ton gadget.

2 Enroule, en serrant bien, l'extrémité dénudée de l'un des fils autour de l'une des deux tiges d'une épingle à linge. Enroule la partie dénudée de l'autre bout de fil autour de l'autre tige de l'épingle à linge.

3 Lorsque tu réunis les deux tiges de l'épingle à linge, les fils devraient se toucher, et la connexion devrait se faire.

INTERRUPTEUR À CROCHET

1 Enroule un morceau de ruban adhésif autour du bâtonnet de bois à environ 0,5 cm de chacune des extrémités. Enfonce une punaise sur chaque morceau de ruban adhésif et dans le bâtonnet, et laisse dépasser environ 0,5 cm de la partie métallique de la punaise.

2 Utilise des ciseaux ouverts ou une pince à dénuder pour enlever 5 cm d'isolant à l'une des extrémités des deux fils d'interrupteur qui sortent de ton gadget.

IL TE FAUT :
- du ruban-cache
- un bâtonnet de bois
- deux punaises
- du fil électrique

IL TE FAUT :
- du fil électrique
- une épingle à linge

10

3 Enroule l'extrémité dénudée de l'un des fils en serrant bien autour de l'une des punaises. Enroule l'extrémité dénudée de l'autre fil autour de l'autre punaise.

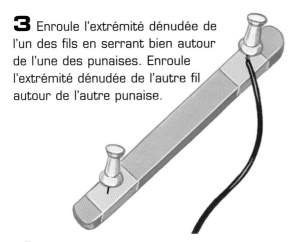

4 Coupe un bout de fil d'une longueur de 13 cm et débarrasse-le de son isolant.

5 Enroule 5 cm de fil dénudé autour de l'une des punaises. Puis replie l'autre extrémité en forme de crochet.

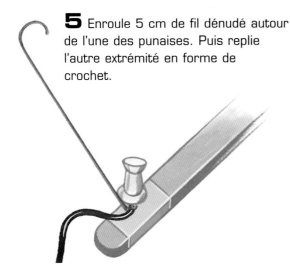

6 Pour allumer ton gadget, accroche le fil dénudé sur l'autre punaise. Si tu retires le crochet de fil, l'interrupteur s'activera et le gadget s'éteindra.

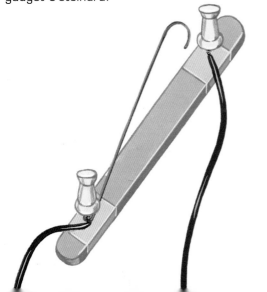

INTERRUPTEUR À GLISSIÈRE

1 Coupe trois fils de la longueur précisée dans le projet. Utilise des ciseaux ouverts ou une pince à dénuder pour enlever 10 cm d'isolant à l'une des extrémités de chaque bout de fil.

2 Mesure 8 cm à partir de l'une des extrémités du bâtonnet de suçon, et fais une marque à cet endroit. La marque ne sera pas tout à fait au centre.

3 Mesure 4,5 cm à partir de chaque extrémité du bâtonnet de bois et fais une marque aux deux endroits.

4 Enroule l'extrémité dénudée de chaque fil en serrant bien autour de chacun des bâtonnets à l'endroit où chaque marque a été dessinée. Fixe chaque fil avec une goutte de colle.

5 Coupe deux bouts de paille de 4 cm et glisse-les aux extrémités du bâtonnet de suçon. Colle ces bouts de paille aux extrémités du bâtonnet de bois; le bâtonnet de suçon doit être mobile pour que son fil puisse entrer en contact avec les fils du bâtonnet de bois.

IL TE FAUT :

- du fil électrique
- un bâtonnet de suçon ou un goujon en bois de 15 cm X 0,5 cm
- un bâtonnet de bois
- un pistolet à colle chaude
- une paille de plastique de 0,5 cm de diamètre

Fourchette lumineuse

La prochaine fois que tes parents voudront faire un souper à la chandelle, suggère-leur de s'éclairer à la fourchette!

2 Fixe le coussinet conducteur à l'extrémité négative (-) de la pile. Fixe la pile sur le dessus du manche d'une fourchette de façon que le coussinet conducteur soit à environ 5 cm du bout du manche.

1 Coupe un bout de fil de 20 cm. Enlève 7,5 cm d'isolant à chaque extrémité avec des ciseaux ouverts ou une pince à dénuder. Utilise ce fil pour fabriquer un petit coussinet conducteur pour une pile AAA (voir page 8).

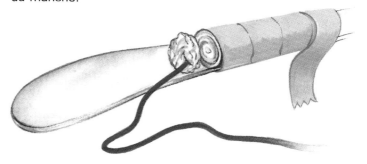

3 Avec une scie à métaux, scie avec soin le bout fermé de l'épingle à linge, à environ 1 cm du ressort de métal.

IL TE FAUT :

- du fil électrique
- une pile AAA (1,5 V)
- du carton mince
- du papier d'aluminium
- du ruban-cache
- une fourchette – mais demande d'abord la permission!
- une scie à métaux
- une épingle à linge en bois
- un pistolet à colle chaude
- une petite ampoule électrique (1,5 V)

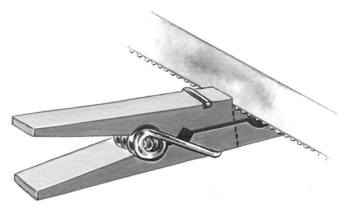

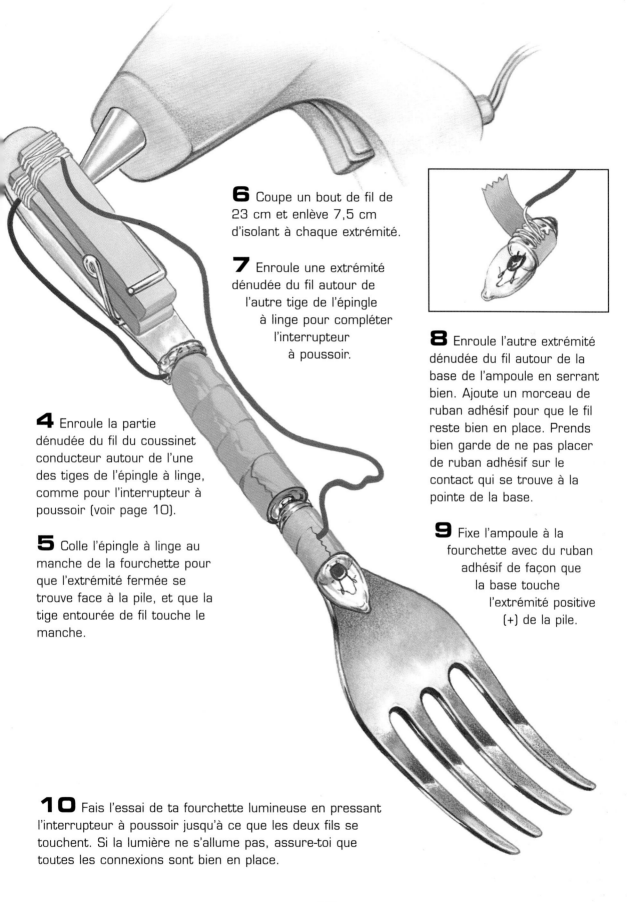

6 Coupe un bout de fil de 23 cm et enlève 7,5 cm d'isolant à chaque extrémité.

7 Enroule une extrémité dénudée du fil autour de l'autre tige de l'épingle à linge pour compléter l'interrupteur à poussoir.

8 Enroule l'autre extrémité dénudée du fil autour de la base de l'ampoule en serrant bien. Ajoute un morceau de ruban adhésif pour que le fil reste bien en place. Prends bien garde de ne pas placer de ruban adhésif sur le contact qui se trouve à la pointe de la base.

9 Fixe l'ampoule à la fourchette avec du ruban adhésif de façon que la base touche l'extrémité positive (+) de la pile.

4 Enroule la partie dénudée du fil du coussinet conducteur autour de l'une des tiges de l'épingle à linge, comme pour l'interrupteur à poussoir (voir page 10).

5 Colle l'épingle à linge au manche de la fourchette pour que l'extrémité fermée se trouve face à la pile, et que la tige entourée de fil touche le manche.

10 Fais l'essai de ta fourchette lumineuse en pressant l'interrupteur à poussoir jusqu'à ce que les deux fils se touchent. Si la lumière ne s'allume pas, assure-toi que toutes les connexions sont bien en place.

Bouteille volante

Mets le moteur en marche et regarde l'hélice se mettre à tourner. Avec un peu d'imagination, tu t'envoleras sur les ailes de ton avion improvisé.

1 Fabrique un coussinet conducteur pour la pile D (voir page 8) en utilisant un bout de fil de 20 cm. Enlève 2,5 cm d'isolant sur le bout de fil qui dépasse. Enroule la partie dénudée sur une lame de connecteurs du moteur en serrant bien. Ajoute une goutte de colle pour fixer le tout.

IL TE FAUT :

- une pile D (1,5 V)
- du carton mince
- du fil électrique
- du papier d'aluminium
- un moteur à courant continu (1,5 V) de 2 cm de large
- un pistolet à colle chaude
- du ruban-cache
- un élastique
- deux bâtonnets de bois
- deux punaises
- une bouteille de boisson gazeuse vide de 600 ml en plastique
- deux épingles à linge
- quatre cure-dents ronds
- un couteau universel
- un bouchon de liège

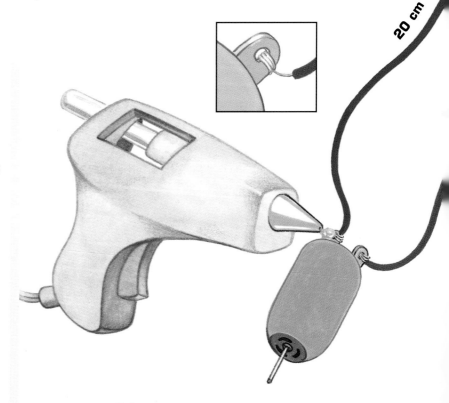

20 cm

2 Fabrique un deuxième coussinet conducteur avec un bout de fil de 25 cm. Enlève 5 cm d'isolant du bout de fil qui reste. À l'aide de ruban adhésif, fixe un coussinet conducteur à chaque extrémité de la pile. Fais tenir ensemble les deux coussinets conducteurs et la pile à l'aide de l'élastique, et assure-toi que les trois éléments sont bien serrés.

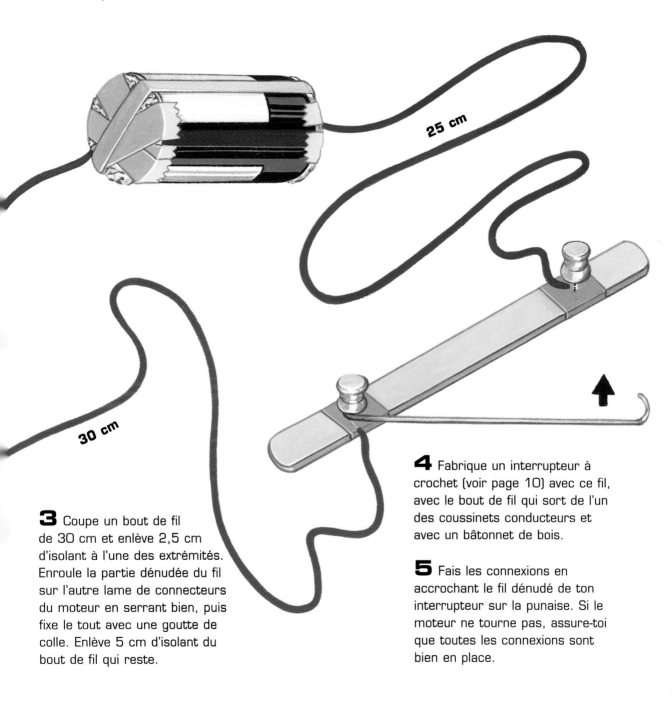

25 cm

30 cm

3 Coupe un bout de fil de 30 cm et enlève 2,5 cm d'isolant à l'une des extrémités. Enroule la partie dénudée du fil sur l'autre lame de connecteurs du moteur en serrant bien, puis fixe le tout avec une goutte de colle. Enlève 5 cm d'isolant du bout de fil qui reste.

4 Fabrique un interrupteur à crochet (voir page 10) avec ce fil, avec le bout de fil qui sort de l'un des coussinets conducteurs et avec un bâtonnet de bois.

5 Fais les connexions en accrochant le fil dénudé de ton interrupteur sur la punaise. Si le moteur ne tourne pas, assure-toi que toutes les connexions sont bien en place.

6 Sur le côté de la bouteille, près de la base, coupe une longue ouverture et fais-y entrer le moteur et la pile. Positionne le moteur dans le goulot de la bouteille, la partie qui tourne à l'extérieur. Si le moteur est trop gros, découpe avec soin le goulot de la bouteille.

8 Découpe un rectangle de carton de 27 cm sur 5 cm et un rectangle plus petit de 15 cm sur 5 cm.

9 Dépose la bouteille sur une surface plane et colle le petit rectangle de carton sur la fente. Colle ensuite le grand rectangle du même côté de la bouteille, près du goulot, pour former les deux ailes avant.

7 Mets de la colle autour du moteur pour le fixer solidement, mais assure-toi de ne pas boucher les prises d'air. Fixe la pile à l'intérieur de la bouteille. Colle la partie inférieure de l'interrupteur à crochet au-dessous de la bouteille.

10 Crée un train d'atterrissage comme celui des hydravions en retirant le ressort de deux épingles à linge et en collant un ressort à chaque extrémité d'un cure-dent rond. Colle ensuite une moitié de l'épingle à linge de l'autre côté de chacun des ressorts.

11 Colle le cure-dents et les ressorts sur la partie inférieure de la bouteille, sous les grandes ailes. La partie la plus courte des épingles à linge doit se trouver vers l'avant.

12 Découpe un petit triangle de carton et colle-le à la verticale au centre du petit rectangle.

13 Colle un cure-dents de chaque côté des grandes ailes pour les soutenir, comme dans l'illustration.

14 Demande à un adulte de couper une tranche de bouchon de liège de 1 cm d'épaisseur et un bâtonnet de bois de 7,5 cm de longueur. Colle le liège au centre du bâtonnet pour créer l'hélice de l'avion.

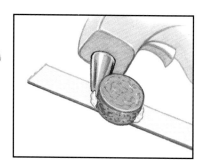

15 Appuie sur le morceau de liège de façon que l'arbre du moteur s'y insère. Retire le morceau de liège et dépose une petite goutte de colle dans le trou pratiqué. Réinsère l'arbre du moteur dans le liège. Assure-toi que la colle ne déborde pas sur le dessus du moteur.

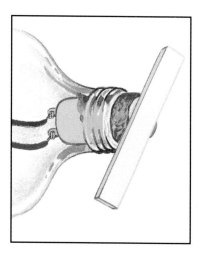

Dé électrique

Tu en as assez des dés qui roulent sous la table ou derrière le divan?
Voilà la solution! C'est beaucoup plus facile d'appuyer simplement sur
un bouton et de continuer le jeu.

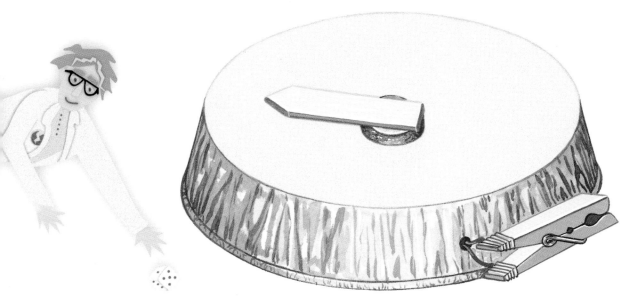

IL TE FAUT :

- une assiette profonde en aluminium
- une feuille de papier blanc
- un pistolet à colle chaude
- un stylo feutre
- un poinçon
- un petit moteur à courant continu (1,5 V)
- une pile D (1,5 V)
- du carton mince
- du fil électrique
- du papier d'aluminium
- une épingle à linge
- un élastique
- du ruban-cache
- un couteau universel
- un bouchon de liège
- une scie à métaux
- un bâtonnet de bois

1 Trace le contour du fond de l'assiette en aluminium sur le morceau de papier. Découpe le cercle obtenu et colle-le sur le fond de l'assiette. Avec le stylo feutre, inscris les numéros de 1 à 12 à égale distance sur le bord du papier.

2 Avec le poinçon, perce un trou de 0,5 cm au centre de l'assiette d'aluminium et du cercle de papier. Colle le moteur à l'intérieur de façon que l'arbre sorte par le trou.

4 Enlève l'isolant sur 2,5 cm à une extrémité du fil de l'un des coussinets conducteurs. Enroule la partie dénudée en serrant bien sur une des lames de connecteurs du moteur et fixe solidement le tout avec une goutte de colle.

5 Coupe un bout de fil de 20 cm et enlève 2,5 cm d'isolant à l'une des extrémités. Enroule cette partie du fil en serrant bien sur l'autre lame de connecteurs du moteur et fixe le tout avec une goutte de colle.

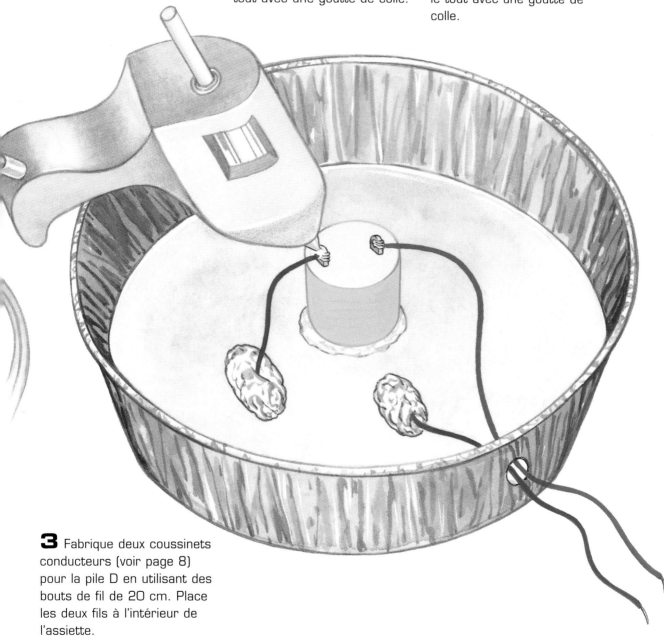

3 Fabrique deux coussinets conducteurs (voir page 8) pour la pile D en utilisant des bouts de fil de 20 cm. Place les deux fils à l'intérieur de l'assiette.

6 Perce un trou dans le côté de l'assiette d'aluminium et passes-y les deux bouts de fil qui restent.

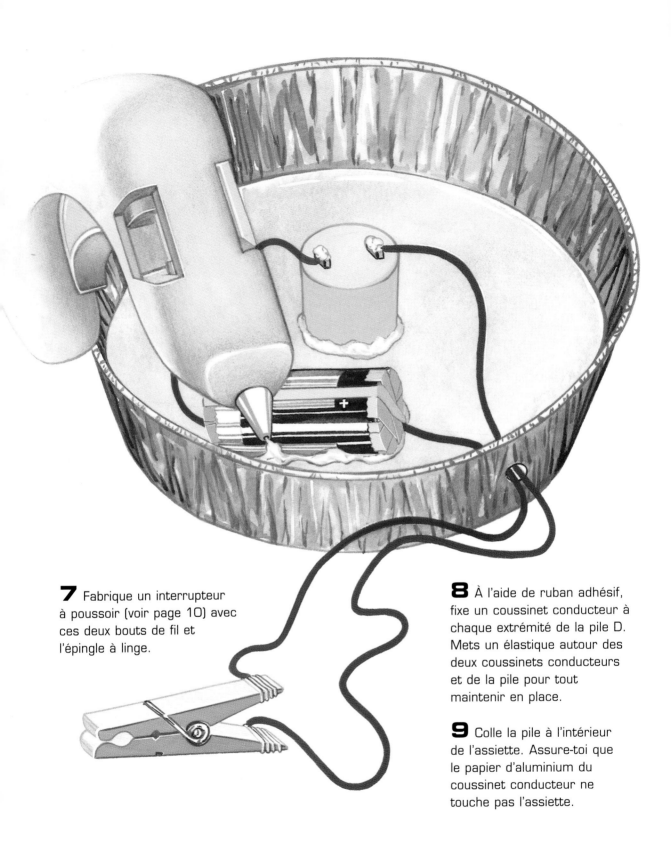

7 Fabrique un interrupteur à poussoir (voir page 10) avec ces deux bouts de fil et l'épingle à linge.

8 À l'aide de ruban adhésif, fixe un coussinet conducteur à chaque extrémité de la pile D. Mets un élastique autour des deux coussinets conducteurs et de la pile pour tout maintenir en place.

9 Colle la pile à l'intérieur de l'assiette. Assure-toi que le papier d'aluminium du coussinet conducteur ne touche pas l'assiette.

10 Colle l'interrupteur à poussoir à l'extérieur de l'assiette.

11 Demande à un adulte de couper une tranche de bouchon de liège d'environ 1 cm d'épaisseur. Appuie sur le morceau de liège de façon que l'arbre du moteur s'y insère. Retire le morceau de liège et dépose une petite goutte de colle dans le trou pratiqué. Réinsère l'arbre du moteur dans le liège. Assure-toi que la colle ne déborde pas sur le dessus du moteur.

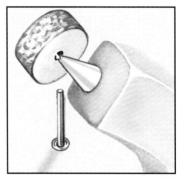

12 Avec la scie à métaux, coupe un bâtonnet de bois de 7,5 cm. Coupe une de ses extrémités en pointe. Colle la flèche ainsi obtenue sur le morceau de liège.

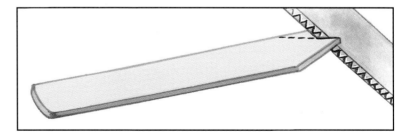

13 Essaie ton dé électrique en refermant l'interrupteur. Si la flèche ne tourne pas, assure-toi qu'elle n'est pas arrêtée par une goutte de colle et que toutes les connexions sont bien en place.

Veilleuse portative

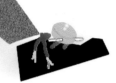

Accroche cette petite lampe à ta chaussure, au rebord d'un chapeau ou même à une manche de ton manteau! C'est une façon brillante d'éclairer une pièce sombre et inquiétante.

1 Fabrique deux coussinets conducteurs (voir page 8) pour la pile AAA en utilisant des bouts de fil électrique de 15 cm.

2 Fixe un coussinet conducteur à l'extrémité négative (-) de la pile.

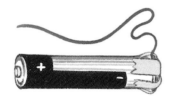

3 Colle la pile à l'intérieur du couvercle sur un des côtés de façon que le coussinet conducteur s'appuie sur la paroi du couvercle. Colle le deuxième coussinet conducteur au fond du couvercle, juste à côté de la pile.

4 Retire l'isolant sur 2,5 cm du bout de fil qui dépasse de chacun des coussinets conducteurs. Enroule les deux extrémités dénudées l'une sur l'autre et fixe solidement la connexion avec du ruban adhésif.

IL TE FAUT :

- du fil électrique
- du carton mince
- du papier d'aluminium
- du ruban-cache
- une pile AAA (1,5 V)
- un pistolet à colle chaude
- un couvercle de plastique rond d'environ 7,5 cm de diamètre et de 1 cm de profondeur
- un poinçon ou une perceuse avec une mèche de 3,2 mm
- un bâtonnet de suçon ou un petit goujon de 10 cm X 0,25 cm
- une petite ampoule électrique (1,5 V)
- une épingle à ressort

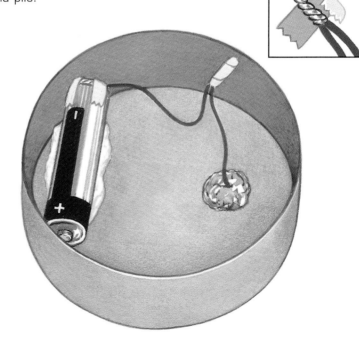

5 Demande à un adulte de percer deux petits trous de chaque côté du couvercle avec le poinçon. Les trous doivent être disposés de façon que lorsqu'on y insère le bâtonnet de suçon, ce dernier touche légèrement l'extrémité positive (+) de la pile en se déplaçant.

8 Trace l'extérieur du couvercle sur un morceau de carton et déccupe-le. Avec un crayon ou un poinçon, perce un trou dans ce cercle de carton de façon que, lorsque tu le places sur le couvercle, le trou se trouve au-dessus du deuxième coussinet conducteur.

10 Pour faire l'essai de ta veilleuse, place le cercle de carton sur le couvercle de façon que la base de l'ampoule touche le coussinet conducteur. Glisse le bâtonnet d'avant en arrière. La lumière devrait s'allumer lorsque le fil du bâtonnet touche la pile.

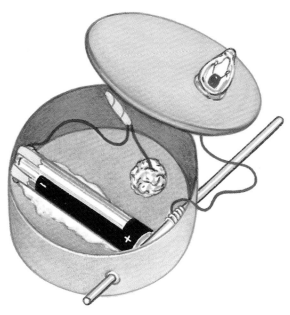

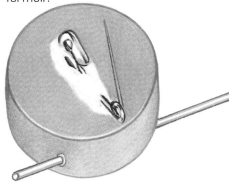

11 Fixe le cercle de carton en place avec de la colle. Colle ensuite une épingle à ressort à l'arrière du couvercle. Elle te servira de fermoir.

6 Coupe un bout de fil de 20 cm et enlève 7,5 cm d'isolant à chaque extrémité.

7 Insère le bâtonnet de suçon dans le couvercle. En commençant à 1 cm du centre du bâtonnet, enroule une des extrémités dénudées du fil en serrant bien jusqu'à ce qu'environ 1 cm du bâtonnet soit recouvert.

9 Pousse la base de l'ampoule électrique dans le trou que tu as fait dans le carton. Enroule bien serré autour de la base de l'ampoule le reste de fil dénudé dont l'autre extrémité est enroulée autour du bâtonnet de suçon. Fixe l'ampoule dans le trou avec de la colle.

12 Si tu veux raccourcir l'interrupteur, demande à un adulte de couper les extrémités du bâtonnet avec un coupe-fils.

Tapageur

Ce gadget est parfait pour faire peur aux gens – surtout aux frères et sœurs qui essaient d'entrer dans ta chambre pour emprunter tes choses.

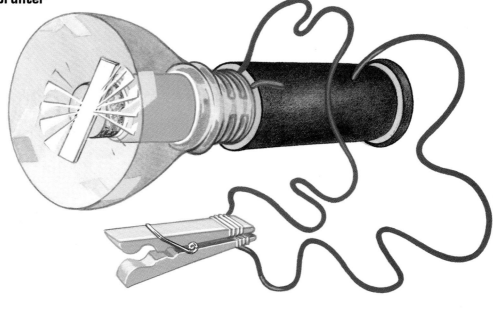

IL TE FAUT :

- une bouteille de boisson gazeuse vide de 600 ml en plastique
- du fil électrique
- un petit moteur à courant continu (1,5 V)
- un pistolet à colle chaude
- un petit clou
- une boîte de film en plastique noir
- un crayon
- du papier d'aluminium
- du ruban-cache
- une épingle à ressort
- une pile C (1,5 V)
- du carton mince
- un couteau universel
- un bouchon de liège
- une scie à métaux
- un bâtonnet de bois

1 Mesure environ 7,5 cm à partir du goulot de la bouteille et coupe-la en deux.

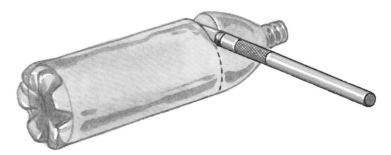

2 Coupe deux bouts de fil de 60 cm. Enlève 1 cm d'isolant à l'une des extrémités de chaque fil.

3 Enroule la partie dénudée de chaque fil autour d'une lame de connecteurs du moteur en serrant bien. Fixe le tout avec une goutte de colle.

4 Fais passer les fils par la partie coupée de la bouteille et fais-les ressortir par le goulot. Colle la partie inférieure du moteur à l'intérieur de la bouteille de façon que l'arbre du moteur ressorte dans la partie coupée de la bouteille.

5 Coupe un des fils qui sortent du goulot de la bouteille à environ 13 cm de l'ouverture. Garde ce bout de fil pour la prochaine étape. Enlève l'isolant des quatre extrémités des fils sur 7,5 cm.

6 Fabrique un bloc-pile (voir page 9) en utilisant le petit fil fixé au moteur comme fil du dessous et l'extrémité dénudée du fil coupé comme fil de la partie supérieure.

7 Fabrique un interrupteur à poussoir (voir page 10) en utilisant les deux extrémités de fils qui restent.

8 Colle le fond du bloc-pile au goulot de la bouteille.

9 Découpe quatre rectangles de carton d'environ 1 cm sur 2,5 cm.

10 Avec des ciseaux ou un couteau universel, coupe soigneusement quatre fentes de 1 cm tout autour de la partie coupée de la bouteille. Insère, replie et fixe un morceau de carton dans chaque fente de façon que 2 cm demeurent à l'intérieur de la bouteille.

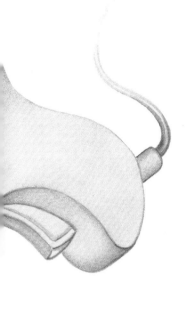

11 Demande à un adulte 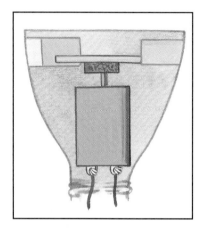 de couper une tranche de bouchon de liège d'environ 1 cm d'épaisseur avec le couteau universel. Appuie sur le morceau de liège de façon que l'arbre du moteur s'y insère. Retire le morceau de liège et dépose une petite goutte de colle dans le trou pratiqué. Réinsère l'arbre du moteur dans le liège. Assure-toi que la colle ne déborde pas sur le dessus du moteur.

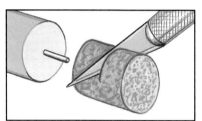

12 Avec la scie à métaux, coupe un bâtonnet de bois pour obtenir un morceau de 4,5 cm et colle-le au centre du morceau de liège.

13 Appuie sur l'interrupteur à poussoir pour le refermer. Le bâtonnet de bois devrait tourner et frapper les morceaux de carton en produisant un grand tapage. Si le bâton ne tourne pas, assure-toi qu'il n'est pas arrêté par de la colle et que toutes les connexions sont bien en place.

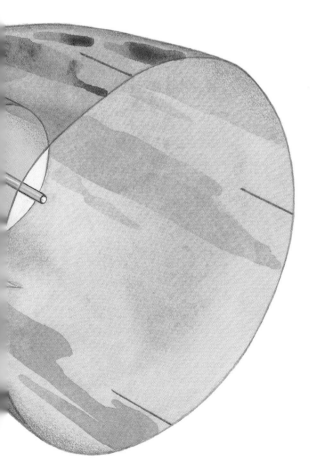

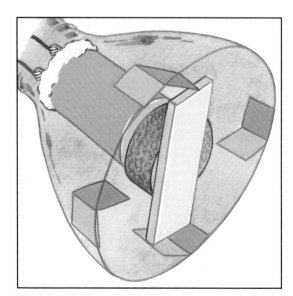

Gratte-dos

Y a-t-il une partie de ton dos que tu es incapable de gratter?
Eh bien, ce magnifique gratte-dos à deux vitesses réglera ce problème!

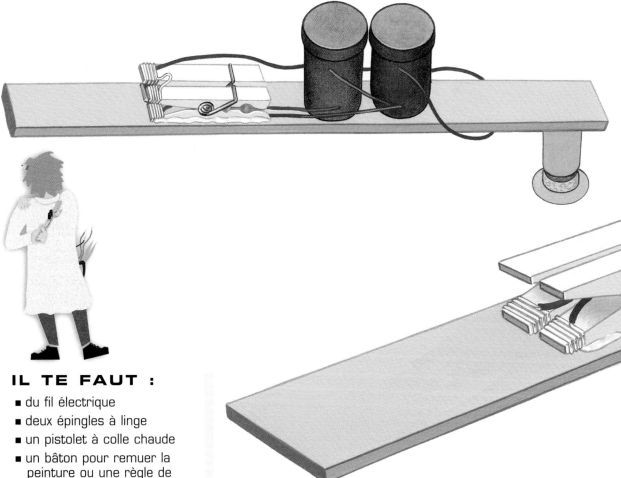

IL TE FAUT :

- du fil électrique
- deux épingles à linge
- un pistolet à colle chaude
- un bâton pour remuer la peinture ou une règle de bois de 30 cm
- un petit clou
- deux boîtes de film en plastique noir avec leur couvercle
- un petit moteur à courant continu (1,5 V)
- du papier d'aluminium
- deux piles C (1,5 V)
- du ruban-cache
- un petit morceau de papier abrasif fin
- un couteau universel
- un bouchon de liège

1 Coupe deux bouts de fil de 30 cm et enlève 7,5 cm d'isolant à chacune des extrémités. Enroule une des extrémités dénudées autour de l'une des tiges d'une épingle à linge. Enroule l'extrémité dénudée de l'autre fil autour de l'une des tiges de l'autre épingle à linge.

2 Colle les épingles à linge l'une à côté de l'autre, du côté des tiges où les fils sont enroulés, sur le bâton à peinture, à environ 7,5 cm de l'une des extrémités. Veille à ce que les fils dénudés ne se touchent pas.

3 Perce deux trous dans chaque boîte de film, l'un près de la partie supérieure et l'autre près de la partie inférieure (voir page 9, étape 3).

4 Colle les deux boîtes de film à la verticale sur le bâton, devant les deux épingles à linge.

5 Insère la partie dénudée d'un fil qui est accroché à une épingle à linge dans le trou inférieur de la boîte de film la plus près. Insère l'extrémité dénudée de l'autre fil dans le trou inférieur de l'autre boîte de film. Pousse le restant de fil entre les deux épingles à linge.

6 Coupe un bout de fil de 30 cm. Enlève 1 cm d'isolant à une extrémité et 7,5 cm à l'autre extrémité.

7 Enroule l'extrémité dénudée de 1 cm autour d'une des lames de connecteurs du moteur en serrant bien. Fixe le tout avec une goutte de colle. Enroule l'autre extrémité dénudée autour de la tige supérieure de l'une des épingles à linge.

8 Coupe deux bouts de fil de 15 cm. Enlève 1 cm d'isolant à une extrémité de l'un des fils, et 2,5 cm à l'autre extrémité.

9 Enroule l'extrémité dénudée de 1 cm autour de l'autre lame de connecteurs du moteur en serrant bien. Fixe le tout avec une goutte de colle. Insère l'autre extrémité dénudée de ce fil dans le trou supérieur de la boîte de film la plus éloignée des épingles à linge.

10 Enlève tout l'isolant du bout de fil qui reste. Enroule 6 cm de l'une des extrémités autour de la tige supérieure de l'une des épingles à linge. Enroule 6 cm de l'autre extrémité dénudée autour de la tige supérieure de l'autre épingle à linge.

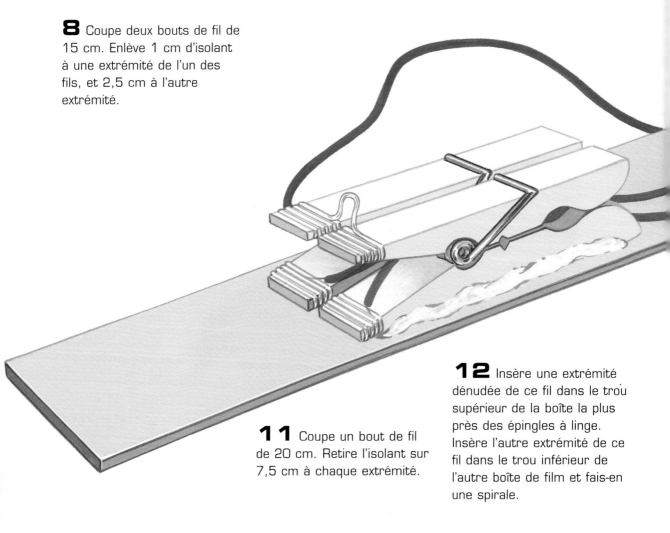

11 Coupe un bout de fil de 20 cm. Retire l'isolant sur 7,5 cm à chaque extrémité.

12 Insère une extrémité dénudée de ce fil dans le trou supérieur de la boîte la plus près des épingles à linge. Insère l'autre extrémité de ce fil dans le trou inférieur de l'autre boîte de film et fais-en une spirale.

13 Colle le dessous du moteur sur le bâton du côté opposé aux boîtes de film et aux épingles à linge.

14 Découpe deux cercles de papier d'aluminium et insères-en un dans chaque boîte de film, par-dessus le ou les fils qui se trouvent au fond. Ajoute une pile C dans chaque boîte, côté négatif vers le bas.

15 Enroule le fil en spirale autour de la partie supérieure de chaque pile, fixe-le en place avec du ruban adhésif et mets le couvercle.

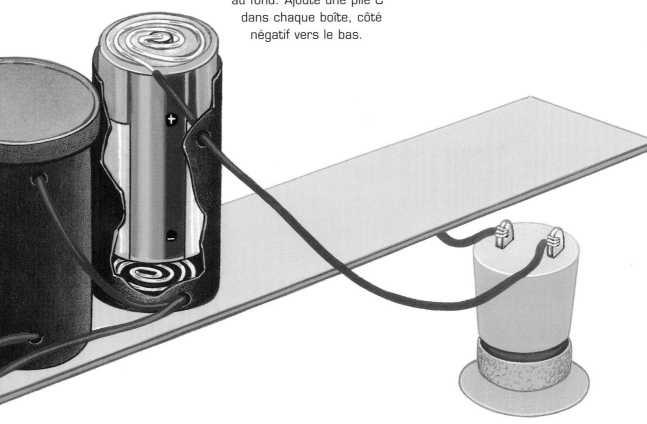

16 Demande à un adulte de couper une tranche de bouchon de liège d'environ 1 cm d'épaisseur avec un couteau universel. Découpe dans le papier abrasif un cercle de 5 cm de diamètre. Colle le morceau de liège au centre du cercle de papier abrasif.

17 Appuie sur le morceau de liège de façon que l'arbre du moteur s'y insère. Retire le morceau de liège et dépose une petite goutte de colle dans le trou pratiqué. Réinsère l'arbre dans le liège. Assure-toi que la colle ne déborde pas sur le dessus du moteur.

18 Appuie sur chaque interrupteur. L'un devrait faire tourner le moteur doucement, et l'autre, plus rapidement. Si le moteur ne tourne pas, vérifie si toutes les connexions sont bien en place. Assure-toi également que l'extrémité positive (+) des deux piles se trouve vers le haut.

Auto tamponneuse

Mon gros chat fait beaucoup d'exercice en essayant d'attraper cette voiture!

1 Pour faire la base de ta voiture, commence par reproduire le modèle ci-dessous sur du carton épais et découpe-le.

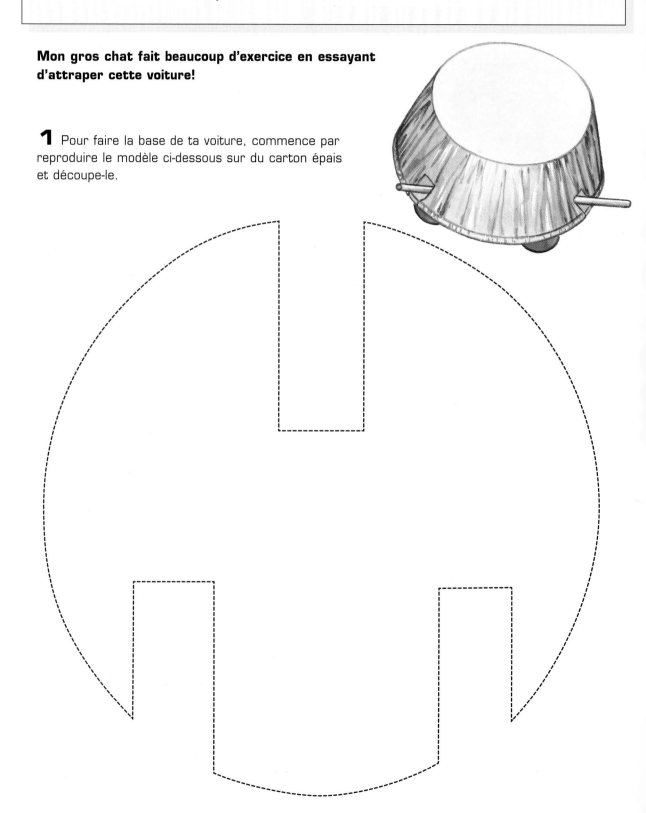

2 Demande à un adulte de couper un bâtonnet de suçon de 9,5 cm. Coupe un bout de paille de 7 cm. Insère le bâtonnet dans la paille.

3 Perce un trou au centre de deux des couvercles de plastique et places-en un à chaque extrémité du bâtonnet. Assure-toi qu'ils sont bien droits, puis fixe-les solidement avec de la colle.

4 Place l'essieu sur la languette de la base de carton de façon que les roues soient droites et tournent librement. Colle la paille à la base.

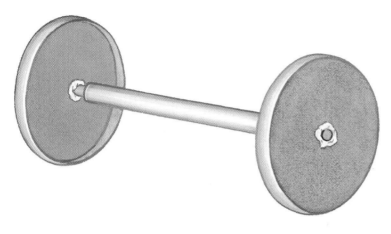

IL TE FAUT :

- un morceau de carton ondulé de 15 cm X 15 cm
- un coupe-fils
- deux bâtonnets de suçon ou goujons de bois de 15 cm X 0,25 cm chacun
- une paille de plastique de 0,5 cm de diamètre
- un poinçon
- trois couvercles de boîtes de film en plastique
- un pistolet à colle chaude
- un petit moteur à courant continu (1,5 V)
- du fil électrique
- du carton mince
- du papier d'aluminium
- du ruban-cache
- deux piles AA (1,5 V)
- deux élastiques
- un bâtonnet de bois
- une petite assiette d'aluminium de 15 cm de diamètre
- deux punaises à tête de plastique

5 Perce un petit trou au centre du dernier couvercle et colle-le sur l'arbre du moteur.

6 Colle le moteur sur la base de façon que la roue soit placée bien droite dans l'encoche avant. Pendant que la colle sèche, vérifie une dernière fois si les trois roues sont bien droites et qu'elles peuvent tourner librement.

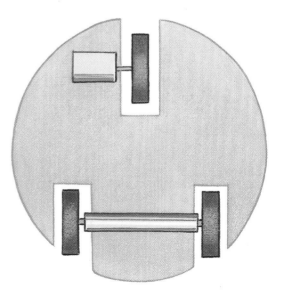

7 Fabrique quatre coussinets conducteurs pour pile AA (voir page 8) en utilisant deux bouts de fil de 20 cm. Fixe un coussinet conducteur à chaque extrémité des deux piles. Maintiens les coussinets conducteurs en place à l'aide d'un élastique.

8 Attache les deux piles avec du ruban adhésif – l'extrémité positive (+) de l'une des piles doit se trouver à côté de l'extrémité négative (-) de l'autre pile. Assure-toi que les coussinets de papier d'aluminium ne se touchent pas. Retire de l'isolant sur 1 cm à l'extrémité des fils qui se trouvent à un bout de l'assemblage de piles.

9 Enroule les deux extrémités dénudées l'une sur l'autre puis enroule-les autour de l'une des lames de connecteurs du moteur. Fixe bien le tout avec une goutte de colle.

10 Colle l'assemblage de piles entre la roue avant et les roues arrière. Assure-toi que les piles n'empêchent pas les roues de tourner.

11 Coupe un bout de fil de 23 cm. Enlève 1 cm d'isolant à l'une des extrémités et enroule fermement l'extrémité dénudée autour de la deuxième lame de connecteurs du moteur. Fixe solidement le tout avec une goutte de colle.

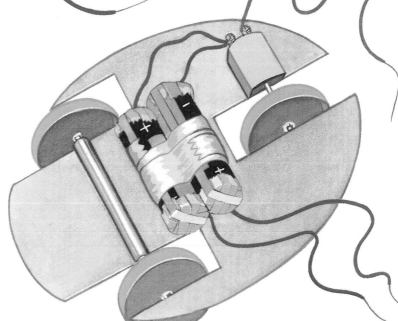

12 Retourne la voiture de façon que le moteur et les piles se trouvent sous le carton. Passe les trois fils qui restent dans les encoches où se trouvent les roues pour les ramener sur la partie supérieure de la base de la voiture.

13 Retire l'isolant sur 13 cm des deux fils de coussinets conducteurs qui restent et sur 10 cm du fil que tu as fixé au moteur à l'étape 11.

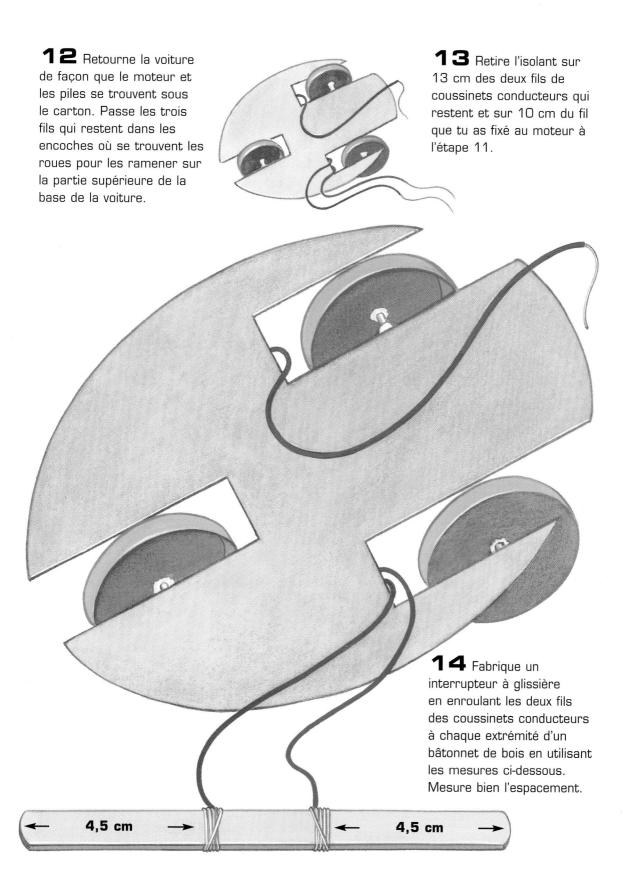

14 Fabrique un interrupteur à glissière en enroulant les deux fils des coussinets conducteurs à chaque extrémité d'un bâtonnet de bois en utilisant les mesures ci-dessous. Mesure bien l'espacement.

← 4,5 cm →   ← 4,5 cm →

15 Mesure environ 7,5 cm à partir de l'une des extrémités du bâtonnet de suçon qui reste et enroule l'extrémité dénudée du fil relié au moteur autour du bâtonnet en serrant bien. Fixe le tout avec une goutte de colle sur le dessus du fil enroulé.

16 Coupe deux bouts de paille d'environ 4 cm chacun. Glisse le bâtonnet de suçon dans les deux bouts de paille. Colle les bouts de paille sur le bâtonnet de bois à côté des fils enroulés. Le bâtonnet de suçon devrait pouvoir glisser facilement.

17 Pour essayer ton interrupteur à glissière, pousse le bâtonnet de suçon dans une direction. Le moteur devrait se mettre en marche, et la roue avant devrait tourner vers l'extrémité du bâtonnet de suçon qui ressort.

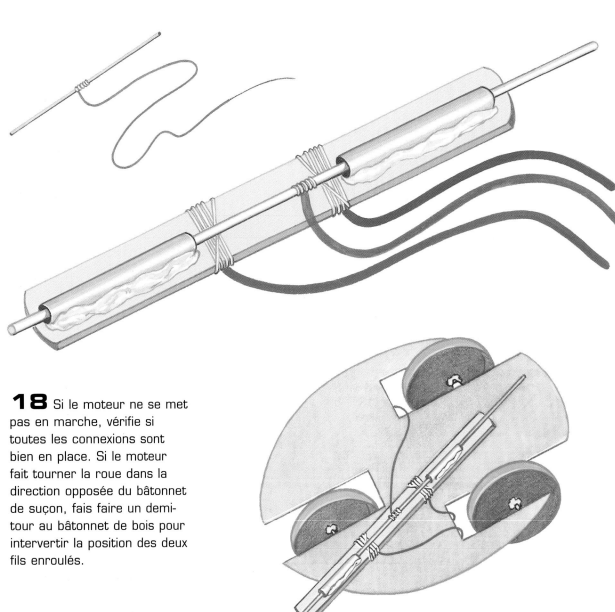

18 Si le moteur ne se met pas en marche, vérifie si toutes les connexions sont bien en place. Si le moteur fait tourner la roue dans la direction opposée du bâtonnet de suçon, fais faire un demi-tour au bâtonnet de bois pour intervertir la position des deux fils enroulés.

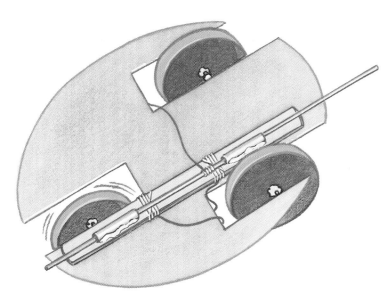

19 Pousse l'interrupteur à glissière dans l'autre direction. Le moteur devrait faire tourner la roue dans la direction opposée (vers le bâtonnet de suçon qui ressort maintenant de l'autre côté). Si ce n'est pas le cas, vérifie si tu utilises des fils reliés à un côté positif (+) et à un côté négatif (-) de chaque pile pour l'interrupteur à glissière.

20 Remets le bâton dans la position du centre pour immobiliser la voiture. Colle l'interrupteur à glissière de façon que la voiture pousse le bâtonnet en se heurtant à un mur. Le bâtonnet devrait pouvoir se déplacer suffisamment pour que son fil enroulé entre en contact avec les fils du bâtonnet de bois.

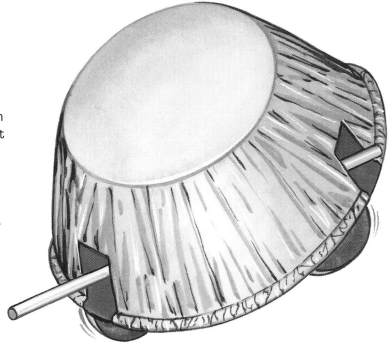

21 Pose l'assiette d'aluminium sur la base de carton et l'interrupteur à glissière. Découpe deux carrés dans l'assiette d'aluminium pour que les roues et le bâtonnet qui actionne l'interrupteur puissent se déplacer librement. Colle le couvercle sur la base de la voiture. Si le bâtonnet est trop court, fixe à chaque extrémité une punaise à tête de plastique, qui fera office de pare-chocs.

Main robotisée

Demande à un adulte de t'aider à réaliser ce projet difficile en s'occupant du découpage et des perforations. Ajoute ta main robotisée à un costume d'Halloween ou fixe-la à une longue règle ou même à une voiture électrique afin de pouvoir ramasser des choses à distance.

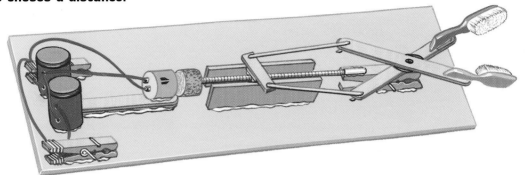

1 Dessine une ligne au centre du carton. Colle une épingle à linge sur cette ligne à une des extrémités. La partie fermée doit être placée vers l'extérieur.

2 Dessine deux lignes sur un bâtonnet de bois, une à 0,5 cm d'une extrémité et l'autre à 7,5 cm de la même extrémité. Répète l'opération avec un deuxième bâtonnet de bois.

IL TE FAUT :

- un morceau de carton ondulé de 22 cm X 27 cm
- un pistolet à colle chaude
- trois épingles à linge
- neuf bâtonnets de bois
- une perceuse avec une mèche de 3,2 mm
- du ruban adhésif transparent (facultatif)
- une vis à bois n° 4 de 1 cm de longueur
- une rondelle de métal n° 8
- un tournevis
- une paille de plastique de 0,5 cm de diamètre
- une scie à métaux

- une tige de métal filetée n° 8 ou n° 10, de 10 cm de longueur, 32 filets par 2,5 cm
- un écrou à oreilles, dont la grosseur correspond à la tige de métal, d'une largeur de 2 cm
- un couteau universel
- un bouchon de liège
- un poinçon
- un petit moteur à courant continu (3 V)
- un cintre ordinaire
- des pinces
- deux brosses à dents
- deux interrupteurs à poussoir (voir page 10) avec des fils de 25 cm
- deux piles C
- deux boîtes de film en plastique noir avec leur couvercle
- du fil électrique

3 Demande à un adulte de percer un trou, au centre de chaque ligne, dans les bâtonnets de bois. (Si un bâtonnet se brise, prends-en un nouveau et enroule du ruban adhésif vis-à-vis la ligne, et recommence.)

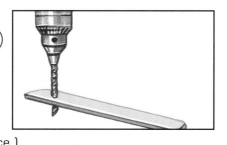

5 Enfonce le reste de la vis dans la partie supérieure de l'extrémité fermée de l'épingle à linge collée au carton. Assure-toi que les deux bâtonnets entrecroisés s'ouvrent et se referment facilement.

4 Insère la vis à bois dans le trou qui se trouve à 7,5 cm de l'extrémité de l'un des bâtonnets, puis dans la rondelle de métal et enfin dans le trou correspondant de l'autre bâtonnet de bois.

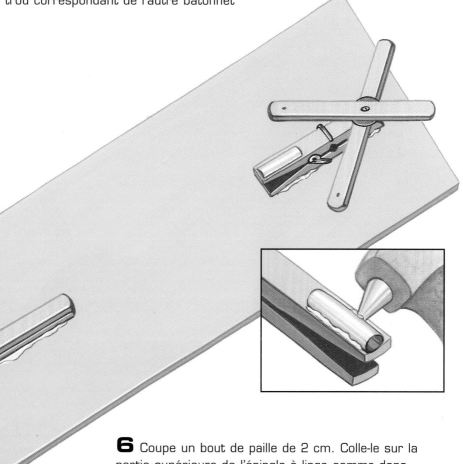

6 Coupe un bout de paille de 2 cm. Colle-le sur la partie supérieure de l'épingle à linge comme dans l'illustration.

7 À 12 cm de l'extrémité ouverte de l'épingle à linge, colle un bâtonnet de bois sur la ligne centrale dessinée sur le carton. Colle un deuxième bâtonnet sur le premier.

8 Demande à un adulte de couper un bout de bâtonnet de 2 cm avec la scie à métaux. Colle ce morceau de bois sur la partie supérieure de l'écrou à oreilles.

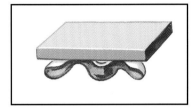

9 Demande à un adulte de couper un bout de 5 cm de bâtonnet de bois et de percer un trou à 0,5 cm de chaque extrémité, au centre.

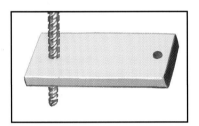

10 Colle ce morceau de bâtonnet au centre de celui collé sur l'écrou à oreilles.

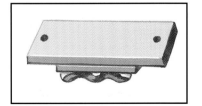

11 Demande à un adulte de couper une tranche de 2,5 cm de bouchon de liège en utilisant le couteau universel. Avec le poinçon, perce un trou de 1 cm de profondeur au centre du morceau de liège obtenu.

12 Insère l'écrou à oreilles jusqu'à mi-chemin de la tige filetée. Enfonce une extrémité de la tige filetée dans le trou du morceau de liège. Fixe solidement le tout avec de la colle.

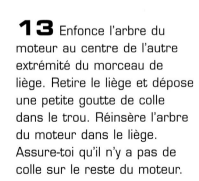

13 Enfonce l'arbre du moteur au centre de l'autre extrémité du morceau de liège. Retire le liège et dépose une petite goutte de colle dans le trou. Réinsère l'arbre du moteur dans le liège. Assure-toi qu'il n'y a pas de colle sur le reste du moteur.

14 Insère l'autre extrémité de la tige dans le bout de paille. Colle le moteur sur le dessus des deux bâtonnets de bois à l'autre extrémité du morceau de carton.

15 Découpe quatre bâtonnets de bois de 7,5 cm de longueur. Colles-en deux ensemble, côté contre côté, pour fabriquer un bâtonnet plus large (doubles bâtonnets). Répète l'opération avec les deux autres bâtonnets.

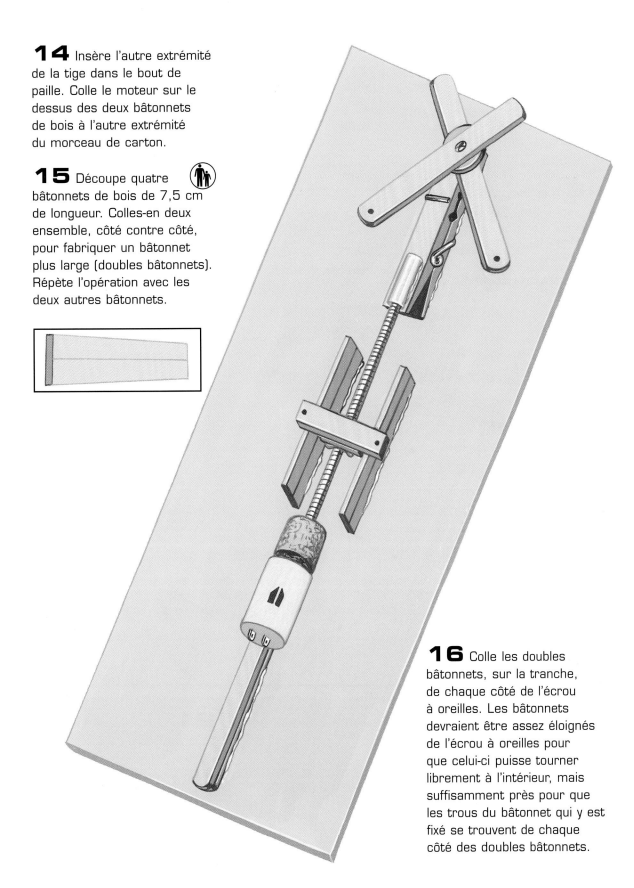

16 Colle les doubles bâtonnets, sur la tranche, de chaque côté de l'écrou à oreilles. Les bâtonnets devraient être assez éloignés de l'écrou à oreilles pour que celui-ci puisse tourner librement à l'intérieur, mais suffisamment près pour que les trous du bâtonnet qui y est fixé se trouvent de chaque côté des doubles bâtonnets.

17 Tourne la tige filetée jusqu'à ce que le bâtonnet collé à l'écrou à oreilles se déplace sur la tige jusqu'au moteur. (Lorsque l'écrou est à cet endroit, la main est complètement fermée.)

18 Avec un coupe-fils, coupe deux morceaux du cintre d'environ 10 cm. Avec les pinces, replie chaque extrémité sur 2 cm à angle droit. Insère les bouts repliés dans les trous du bâtonnet fixé à l'écrou à oreilles et dans les trous des bâtonnets placés en croix.

19 Coupe un bout de 1 cm de bâtonnet et colle-le au bout d'un des bâtonnets de bois placés en croix; tu dois le placer sur le bout le plus court du bâtonnet placé dessous, comme dans l'illustration.

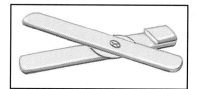

20 Demande à un adulte de couper, avec une scie à métaux ou un coupe-fils, le manche des brosses à dents pour qu'elles ne mesurent plus que 6 cm. Place les brosses à dents sur le côté et colle-les sur une longueur de 2 cm, sur chacun des bâtonnets placés en croix, de façon que les brosses se touchent légèrement.

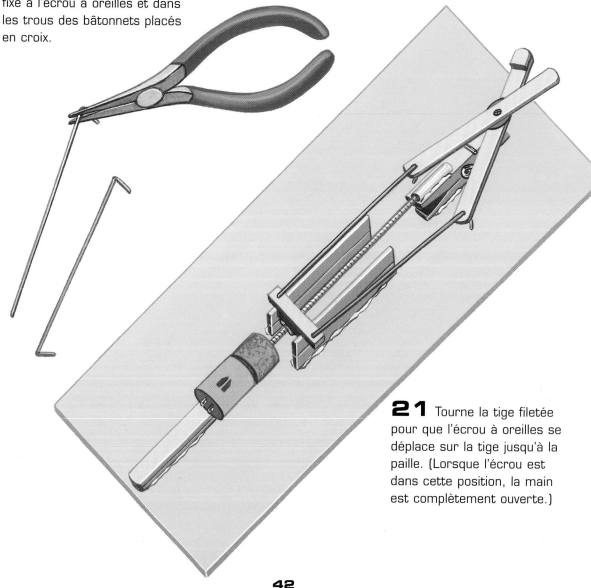

21 Tourne la tige filetée pour que l'écrou à oreilles se déplace sur la tige jusqu'à la paille. (Lorsque l'écrou est dans cette position, la main est complètement ouverte.)

22 Replie délicatement les extrémités des morceaux de cintre pour les empêcher de ressortir des trous pratiqués dans les bâtonnets.

23 Tourne la tige filetée jusqu'à ce que l'écrou à oreilles soit au milieu de la tige.

24 Branche le moteur aux deux interrupteurs à poussoir et aux deux blocs-piles comme dans l'illustration. Colle les blocs-piles et les interrupteurs au carton.

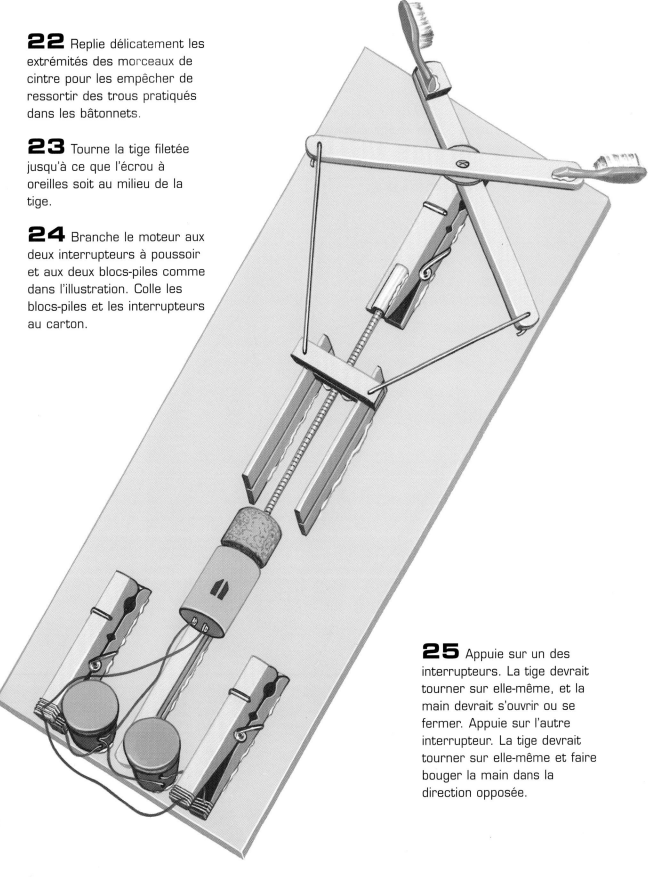

25 Appuie sur un des interrupteurs. La tige devrait tourner sur elle-même, et la main devrait s'ouvrir ou se fermer. Appuie sur l'autre interrupteur. La tige devrait tourner sur elle-même et faire bouger la main dans la direction opposée.

D'autres projets!

Tu recherches un plus grand défi? Inspire-toi des idées que tu trouveras dans les pages qui suivent. Fais appel à ton imagination pour créer tes propres gadgets personnalisés en combinant ces projets à ce que tu as déjà appris.

BOÎTE À SURPRISE

Surprends tes amis en leur offrant un cadeau qui produira un grand bruit lorsqu'ils ouvriront la boîte. Tu auras un succès retentissant! Suis les directives pour fabriquer l'interrupteur et fixe-le à la boîte. Branche le tapageur, et tout est prêt!

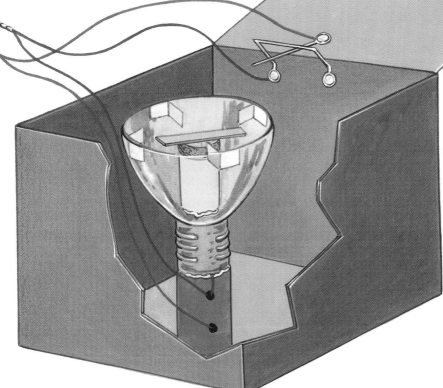

1 Coupe un bout de fil de cuivre de calibre 14 de 7,5 cm. Plie-le pour reproduire le modèle ci-contre, c'est-à-dire en un « U » carré dont les extrémités recourbées se terminent par un petit anneau.

2 Coupe deux bouts de fil ordinaire de calibre 24 d'une longueur de 15 cm. Enlève 2,5 cm d'isolant à l'une des extrémités de chaque fil.

3 Enroule l'extrémité dénudée de l'un des fils autour d'une punaise métallique à tête plate comme dans l'illustration. Répète l'opération avec l'autre fil et une autre punaise.

4 Ouvre une boîte de carton de forme cubique de 18 cm de côté et pourvue d'un couvercle rabattant. Place le fil de cuivre de l'étape 1 à l'intérieur de la boîte, du côté où se trouve le couvercle.

5 Fixe le fil de cuivre en insérant une punaise dans l'un des petits anneaux pour qu'il tienne au côté de la boîte. Insère l'autre punaise sur laquelle est enroulé du fil dans l'autre anneau. Recouvre de colle les bouts pointus des punaises.

6 Coupe un deuxième bout de fil de cuivre dénudé de 7,5 cm et replie le bout pour former un petit anneau.

7 Enfonce l'autre punaise enroulée de fil (assemblage fabriqué à l'étape 3) dans le petit anneau pour fixer le fil de cuivre au couvercle de la boîte, comme dans l'illustration. La partie la plus longue devrait s'insérer au centre du fil de cuivre en forme de « U ». Recouvre de colle le bout pointu de la punaise.

8 Branche les fils des punaises au tapageur, comme dans l'illustration. En ouvrant le couvercle, le bout de fil de cuivre se soulèvera et touchera le morceau en forme de « U », ce qui fermera l'interrupteur et allumera le tapageur.

SERVODIRECTION

Utilise une tige de métal filetée pour fabriquer un assemblage de servodirection pour voiture électrique. Tu trouveras ci-dessous les instructions pour fabriquer la servodirection. Suis ensuite les instructions de la main robotisée pour relier la tige filetée, le moteur, le bloc-pile et les interrupteurs.

1 Coupe deux morceaux de 6 cm aux extrémités d'un bâtonnet de bois. À l'aide d'une mèche de 3,2 mm, perce un trou à 0,5 cm du bout arrondi de chaque morceau. Perce un deuxième trou à 4 cm de distance de la même extrémité de chaque morceau.

2 Coupe quatre morceaux de 4 cm aux extrémités de deux bâtonnets de bois. Dans deux des morceaux, perce un trou à 0,5 cm à partir de chaque extrémité. Dans chacun des deux autres morceaux, perce un seul trou à 0,5 cm à partir du bout.

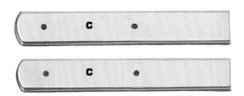

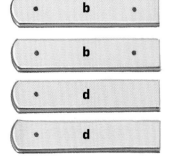

3 Perce un trou à 0,5 cm de chaque extrémité d'un autre bâtonnet de bois.

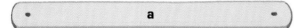

4 Relie les bâtons comme dans l'illustration ci-dessous en utilisant des boulons et écrous n° 4, un pour chaque endroit où les bâtonnets se chevauchent. Place une rondelle sur chacune des deux vis au point de pivot de la roue. Enfonce ces deux vis dans une base de carton ondulé de 13 cm sur 20 cm avant de les visser sur l'écrou.

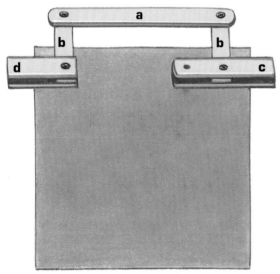

5 Coupe deux morceaux de 4 cm de bâtonnets de suçon pour fabriquer les essieux. Utilise une punaise à tête plate pour fixer un couvercle de boîte de film à une extrémité de chaque bâtonnet. Glisse le bâtonnet de suçon dans l'espace entre les deux bâtonnets de bois (d) et colle-le en place. Répète l'opération en insérant l'autre bâtonnet de suçon entre les deux bâtonnets de bois (c).

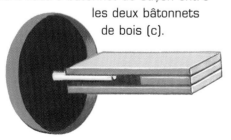

6 Relie l'assemblage de direction à une tige filetée et à un moteur comme dans l'illustration. Fixe l'assemblage à la main robotisée (voir page 39).

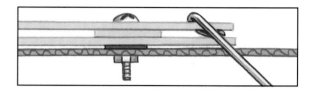

7 En faisant tourner la tige d'un côté ou de l'autre, tu mettras l'assemblage de roue directrice en mouvement, et elle fera tourner les roues vers la gauche ou vers la droite.

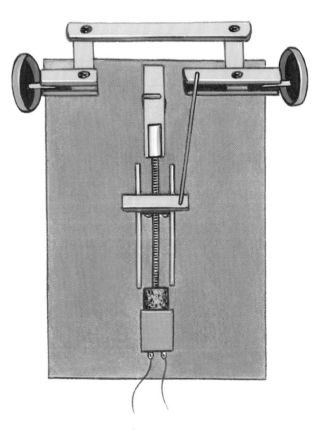

INTERRUPTEUR À MANETTE

Contrôle tes projets avec une manette fabriquée à partir d'une bouteille de désodorisant à bille dont la bille est en plastique (et non en verre).

1 Demande à un adulte de découper soigneusement la partie supérieure de la bouteille de désodorisant avec une scie à métaux. Laisse la bille de plastique à l'intérieur de la section coupée et, à l'aide d'un essuie-tout, essuie délicatement tout désodorisant qui pourrait rester sur la bille et sur la bouteille.

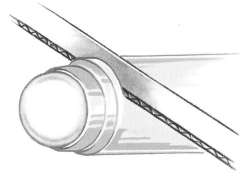

2 Enfonce une punaise à tête de plastique au centre de la bille de plastique au sommet de la bouteille. En tenant la bille avec l'épingle bien droite, enfonce une punaise métallique à tête plate au centre du côté opposé de la bille.

3 Enfonce six autres punaises métalliques à tête plate à égale distance dans la paroi intérieure de la bouteille, suffisamment proches pour qu'elles entrent en contact avec la punaise enfoncée dans la bille. Elles ne doivent toutefois pas empêcher la bille de bouger.

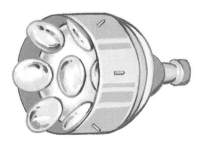

4 Coupe quatre bouts de fil de 30 cm et enlève 2,5 cm d'isolant à une extrémité de chacun d'eux.

5 Enroule la partie dénudée de l'un des fils autour de la tige exposée de la punaise 1, comme dans l'illustration. Répète l'opération en enroulant un fil autour de la tige exposée des punaises 2, 3 et 4.

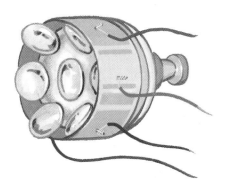

6 Coupe deux fils de 10 cm et enlève 2,5 cm d'isolant à chaque extrémité.

7 Enroule l'extrémité dénudée de l'un des fils autour de la tige exposée de la punaise 5. Enroule l'autre extrémité de ce fil par-dessus le fil déjà enroulé autour de la punaise 2.

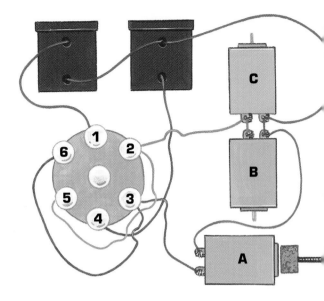

8 Enroule l'extrémité dénudée de l'autre bout de fil de 10 cm autour de la tige exposée de la punaise 6. Enroule l'autre extrémité de ce fil par-dessus le fil déjà enroulé autour de la punaise 3. Recouvre de colle les extrémités pointues des punaises 1 à 6.

9 Branche ton interrupteur à manette à trois petits moteurs à courant continu et à deux blocs-piles C, comme dans l'illustration.

UTILISATION DE L'INTERRUPTEUR À MANETTE

Utilise la punaise à tête de plastique pour déplacer la punaise du centre entre les punaises 1 et 6. L'arbre du moteur A se mettra à tourner dans une direction. Déplace la punaise centrale entre les punaises 4 et 3. L'arbre du moteur A tournera dans la direction opposée. Ce moteur peut être utilisé pour contrôler la servo direction d'une voiture. Déplace la punaise centrale entre les punaises 1 et 2, et les arbres des moteurs B et C devraient tourner ensemble dans la même direction. Déplace la punaise centrale entre les punaises 4 et 5, et les arbres des moteurs B et C devraient tourner ensemble dans la direction opposée. Ces moteurs peuvent être utilisés pour contrôler la marche avant et la marche arrière d'une voiture. Que dirais-tu d'utiliser cette manette pour contrôler la servo direction et les moteurs de roues des projets des pages précédentes?

REMARQUE

La punaise centrale ne doit jamais être déplacée entre les punaises 2 et 3 ni entre les punaises 5 et 6, car cela déchargerait les piles.